2030 지속가능발전목표 SDGs17

똑똑도서관 2

지구촌을 개척하는 아이들

주니어골든벨

들어가는 글

인류는 끊임 없이 발전을 추구해 왔습니다. 그 결과 과학이 발전하고, 경제가 발전하여 많은 사람들이 풍족한 생활을 누릴 수 있게 되었어요. 그렇다면 우리의 미래는 어떤가요? 지금처럼 계속 발전할테니 더 아름다운 미래가 보장되어 있을까요?

과거가 이어져 현재가 되고, 현재가 이어져 미래가 되는데요, 안타깝지만 많은 사람들이 풍족한 생활을 누리는 현재도 문제들이 쌓여있어요. 가난한 사람들, 차별받는 사람들, 환경 오염과 이상 기후로 고통받는 사람들이 있지요. 현재의 문제를 외면한다면 우리의 미래도 보장 받을 수 없습니다.

우리는 계속해서 발전하고 성장해야 합니다. 지속가능한 미래로 나아가기 위해 사람들은 현재의 문제점에 귀를 기울이기 시작했어요. 그리고 이 책을 읽는 여러분들도 아름다운 미래를 만들어갈 귀중한 역할을 하길 바랍니다.

예주의 갤러리

예주는 이 책을 미리 읽고 여러분의 이해를 위한 힌트를 그림으로 남겼어요.
우리도 무엇이 담겨있는지 살짝 살펴보고 갈까요?

부유한 친구도 있지만 도움이 필요한 친구들도 있어요.

내가 음식을 남겨서 버리는 동안 굶는 친구들이 있어요.

운동도 잘 하고, 손도 잘 씻고, 예방주사도 잘 맞아야 건강해져요!

모두 함께 학교도 가고, 질문도 했으면 좋겠어요.

성별이 서로 달라도 우리는 평등한 친구사이!

더러운 물을 먹고 병에 걸리는 친구들이 전 세계에 많아요!

일자리를 구할 수 있게 정부에서 교육해야 해요!

인터넷 망이라는 '인프라'가 있어서 바로바로 연락할 수 있어요.

피부색 때문에 인종차별 당하는 사람들이 있어요.

공원이 있고, 나무도 많은 녹색도시가 살기 좋답니다.

책임감있게 생산·소비하지 않으면 결국 아무것도 생산하지 못하게 되어요.

기후 변화는 사람도 동물도 힘들게 해요.

바다에 쓰레기를 버리면 해양 생물들이 다 죽어요.

동물들이 멸종하지 않도록 보호해요.

폭력을 막고 모두 함께 잘사는 정의로운 세상을 만들어요.

전 세계의 빈곤한 친구들을 도와주어요!

차례

시작하는 이야기 #1 ● 미래로 가는 타임머신	14
시작하는 이야기 #2 ● 해결사 SDG맨의 등장	20
여는 글 ● 지속가능한 발전이란?	22
지속가능발전의 개념도	24

제1장

인간답게 사는 세상

첫 번째 목표 ● 빈곤을 차근차근 줄여가요!	28
두 번째 목표 ● 배고픈 사람이 있으면 안 돼요!	34
세 번째 목표 ● 건강을 지키며 질병을 예방해요!	40
네 번째 목표 ● 모두에게 교육의 기회를 주세요!	46
다섯 번째 목표 ● 서로 다른 성별을 평등하게 대우해요!	52

제2장

풍요롭고 조화로운 세상

일곱 번째 목표 ●	친환경 에너지를 사용해요!	60
여덟 번째 목표 ●	일자리를 늘리고 경제를 키워가요!	66
아홉 번째 목표 ●	산업을 키우고 사회기반시설을 지어요!	72
열 번째 목표 ●	불평등 없는 사회를 만들어요!	78
열한 번째 목표 ●	도시를 풍요롭게 가꿔 나가요!	84

제3장

환경을 보호하는 세상

여섯 번째 목표 ●	깨끗한 물과 환경이 필요해요!	92
열두 번째 목표 ●	책임감 있게 생산하고 소비해요!	98
열세 번째 목표 ●	기후 변화를 막아야 해요!	104
열네 번째 목표 ●	해양 생태계를 지켜주세요!	110
열다섯 번째 목표 ●	육상 생태계를 지켜주세요!	116

제4장

평화롭게 협동하는 세상

열여섯 번째 목표 ●	평화롭고 정의로운 세상을 만들어요!	124
열일곱 번째 목표 ●	전 세계 사람들이 손을 잡아요!	130

닫는 글 ●	실천하는 아이들	136
하나만 더 알고가요, ESG !		138

"시작하는 이야기 #1"
미래로 가는 타임머신

재미있는 상상 속 얘기를 해드릴게요. 수년의 연구 끝에 드디어 미래로 가는 타임머신이 개발되었습니다. 50년 후의 미래를 엿볼 수 있다고 해봐요. 여러분이 생각하는 우리의 50년 후는 어떤 모습일까요?

UN은 인류 최초로 시간여행을 할 용기 있는 지원자들을 모집하였습니다. 세계 여러나라에서 신청이 쇄도하였으며, 과학자, 기업가, 의사, 학생, 주부 등 다양한 사람들이 선정되었어요. 그리고 오늘 그들이 미래로 탐험을 떠납니다.

타임머신에 타기 전, 그들은 자신들이 생각하는
미래의 모습을 종이에 적어보았습니다.
대부분 아름다운 미래를 생각하네요.
여러분은 어떤가요, 그들의 생각에 동의하시나요?

내가 예측하는 50년 후의 모습은?

나의 생각도 이와 같다면 동그라미,
다르다면 엑스를 표시해주세요.

- 모든 사람들이 평화롭게 지낼거 같아요.
- 친환경 에너지 사용으로 환경오염이 없어요.
- 우리의 도시는 더욱 살기 좋아져요.
- 산마다 들마다 나무가 많아요.
- 배고픈 사람이 없어요.
- 치료하지 못했던 병도 치료할 수 있어요.
- 바닷물은 맑아지고 물고기가 가득해요.
- 모든 사람들이 공평한 기회를 얻어요.
- 가난한 사람들이 줄어들었어요.
- 봄, 여름, 가을, 겨울 4계절이 뚜렷해졌어요.

다시 이야기로 돌아가봅시다. 몇 시간 후, 지지직 소리와 함께 시간여행자들이 돌아왔어요. 사람들은 그들이 보고 온 50년 후의 모습이 너무 궁금했습니다. 지금과 같은 경제 발전이 꾸준히 계속 된다면 우리의 삶은 얼마나 더 풍족해져 있을까요?

그런데 이상합니다. 시간여행자들의 표정이 기대와 다르게 너무나 어두워 보였어요. 50년 후의 우리는 안 좋은 미래를 만난 것일까요? 경제와 과학의 발전이 멈춰 버렸나요? 긴 침묵이 흐른 후, 한 사람이 말을 꺼냈습니다.

"우리의 미래는 너무 비참했어요. 공기가 오염되어 숨쉬기 힘들고, 물이 오염되어 마실 물이 부족했어요. 먹을 것을 구하기도 힘들고, 병에 걸려 아픈 사람도 많았어요."

"무엇보다 안타까웠던건 사람들이 서로 싸우고 서로를 미워했다는 점이에요. 가난하고 교육받지 못한 사람들이 많았고, 그 안에서도 서로 차별하고 무시했어요."

학자들이 예측하는 미래의 모습

안타깝지만 미래학자들은 우리가 바뀌지 않는다면 다음과 같은 미래가 올 것이라 경고합니다.

- 서로 싸우고 피해보는 사람들이 생겨요.
- 환경오염이 심해져서 숨쉬기도 힘들어요.
- 도시는 쓰레기로 가득 차고 쾌적하지 못해요.
- 나무가 없어져서 숲속 동물들도 사라졌어요.
- 음식을 낭비하는 사람 옆에 배고픈 친구들이 있어요.
- 더 무서운 전염병이 나타날 수 있어요.
- 바다 오염으로 물고기가 줄고 있어요.
- 힘있는 사람들만 이익을 보고 불평등이 심해요.
- 가난한 사람들이 늘어났어요.
- 기후 변화로 인한 날씨 재난이 심해졌어요.

"시작하는 이야기 #2"

해결사 SDG맨의 등장

어쩌다가 우리의 미래가 이렇게 된 것일까요? 아무 희망도 없는 것처럼 느껴졌습니다. 모두가 침울해하던 그때, 누군가 소리쳤습니다.

"여러분, UN은 우리의 미래를 이미 알고 있었습니다.
우리가 노력한다면 미래를 바꿀 수 있습니다.
그것이 여러분들을 부른 이유입니다."

본인을 SDGs맨이라 소개한 남자는 건물 최상층에 있는 회의실로 사람들을 안내했습니다. 리모컨을 누르자 뒷편에서 거대한 스크린이 나타났어요. 세계 곳곳의 잘 정돈된 도시, 최첨단 공장, 풍족하게 사는 가족 등 발전된 모습들이 보였습니다. 그러나 곧이어, 이번에는 지구 곳곳에서 일어나고 있는 빈곤과 불평등, 분쟁과 차별, 환경오염과 이상기후로 고통받는 사람들의 모습들이 비쳤습니다. 정반대의 모습을 보며 사람들은 안타까워했습니다.

현재 인류는 발전에만 치우친 나머지 이런 안타까운 일들을 무시하고 있어요.

지금은 일부의 일이지만, 방치한다면 모든 사람에게로 확대될 것입니다.

이대로 가면 우리의 사회와 우리의 자연, 우리의 지구는 미래에 지속 불가능합니다

그래서 UN은 17개의 큰 목표를 정했답니다. 그것을 지속가능발전목표(SDGs)라고 하지요. 여러분들이 세상 곳곳에 널리 퍼뜨려 주세요!

여는글

지속가능한 발전이란?

앞의 이야기 재미있게 읽으셨나요? 타임머신은 상상일지 모르지만, 미래에 대한 우려는 현실로 다가오고 있습니다. 세계는 전쟁과 빈곤, 인종차별, 환경파괴 등과 같은 다양한 문제를 안고 있어요. 이런 인류의 문제를 해결하기 위해서 국제연합(UN)에 가입한 193개 국가가 모여서 2030년까지 실천하자고 약속한 열 일곱개의 목표가 있습니다. 그것이 바로 「지속가능 발전 목표(SDGs, Sustainable Development Goals)」라고 하는 것이에요.

쉽게 말해 전 세계가 함께 지구를 지키면서 경제 발전을 이루어 행복을 추구하자는 국제적 약속입니다. 이렇게 지구를 지키면서 다 같이 발전하고 행복을 추구하려면, 지금 세상을 이끌고 있는 세대가 만족할 수 있고, 또 우리 친구들과 같은 미래 세대도 만족할 수 있는 목표를 세워야 합니다. SDGs는 그런 목표이며, 이 목표에는 경제발전과 더불어 환경보호를 위해 함께 노력하자는 정신이 반영되어 있습니다.

인류가 지구환경을 지키지 않으면서 경제를 발전시켜 온 결과, 지구는 환경오염과 기후위기를 겪고 있습니다. 또, 다 같이 행복한 사회로 나아가지 않고 사회적 불평등이 심해지고 있죠. 때문에 지구환경과 경제발전, 행복추구는 따로따로 존재하는 것이 아니라, 같이 어우러져야 하는 겁니다.

지속가능발전의 개념도

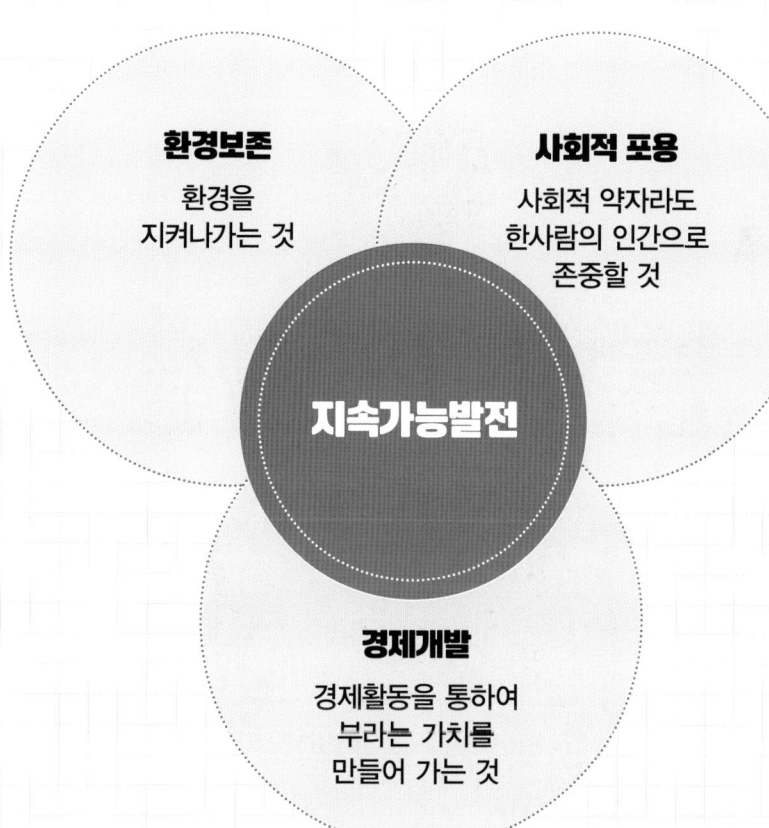

1

인간답게 사는 세상

인간답게 사는 세상에서는
빈곤한 사람과 배고픈 사람이 도움을 받을 수 있어야 해요.
모두에게 병원과 학교에 갈 기회를 보장해야 해요.
그리고 모두가 성별에 관계 없이 평등하게 대우받아야 해요.

01

첫 번째 목표

빈곤을 차근차근 줄여가요!

현재의 상황

전 세계의 잘 사는 나라와 가난한 나라의 빈부 격차는 아주 심각한 수준입니다. 또 한 나라 안에서도 잘 사는 사람과 가난한 사람의 빈부 격차가 매우 큽니다
세상에는 하루에 약 2천원 이하의 적은 돈으로 생활하는 사람이 대한민국 인구의 3배가 넘습니다.

알아봅시다

빈곤에 처해 있는 사람들

세상에는 돈이 많은 부자도 있고, 돈이 없어 가난한 사람도 있습니다. 돈이 없어서 빈곤(가난)하다고 간단히 표현하지만 빈곤의 기준은 여러 가지입니다. 가령 세계은행의 기준은 「하루 1.9달러(약 2천 원) 미만」으로 사는 사람을 빈곤층이라고 규정합니다. 세상에는 이런 빈곤층이 약 7억4천만 명(2015년 기준)이나 된다고 해요. 1990년보다 줄어들기는 했지만 아직도 심각한 상태입니다.

하루 2천 원으로는 음식이나 옷 같은 최소한의 생필품조차 살 수 없습니다. 그래서 신발도 없이 맨발로 걸어 다니기도 하죠. 마실 물도 구하기 힘들고, 교육은 꿈도 꿀 수 없어요. 이렇게 최소한의 생활조차 할 수 없을 정도의 가난을 「절대적 빈곤」이라고 합니다. 그래서 국제연합(UN)은 전 세계적 빈곤퇴치를 SDGs의 첫 번째 목표로 삼았습니다.

우리나라의 빈곤은?

우리나라에도 빈곤문제가 있습니다. 물론 국가의 복지정책 덕분에 「절대적 빈곤」으로부터는 많이 벗어난 상태이지만 「상대적 빈곤」은 여전히 남아 있습니다. 상대적 빈곤이란 주위의 평범한 사람들과 비교하여 부족하게 살아가는 것을 말해요. 도시 외곽이나 소외지역에는 하루하루 힘들게 사시는 분들이 있답니다. 우리나라는 복지정책이나 일자리 지원정책 등을 통해 저소득층 지원에 적극 나서고 있습니다.

생각해 보아요

우리가 하루 동안 2천 원으로 생활해야 한다면 무엇을 할 수 있을까요?

실천하는 방법

> 각국 정부가 정책으로 실천하는 과제

- 현재 기준으로 하루에 1.25달러 미만으로 살아가는 모든 사람들을 위하여 모든 곳에서 절대 빈곤인구를 근절하는 것을 목표로 합니다.

- 각 국가별로 적합한 사회적 보호체제를 확립하여 보호조치를 실시하고, 빈곤층과 취약계층에 대한 실질적 사회보장을 달성하도록 합니다.

- 빈곤층과 취약계층이 경제적 자원은 물론 기초적인 공공 서비스, 토지 및 천연자원, 신기술, 금융서비스에 손쉽게 다가갈 수 있도록 합니다.

- 개발도상국, 최빈국에서 모든 차원의 빈곤을 끝낼 수 있는 프로그램과 정책을 이행할 수 있도록, 적절하고 예측 가능한 수단을 제공하기 위해 협력합니다.

어린이 여러분들이 할 수 있는 과제

금전으로 후원하기
이웃돕기 성금 등의 단체나 재단을 통해서 국내외 여러 곳에 돈을 기부합니다. 일회성으로 기부할 수도 있고 한 달에 얼마씩 정기적으로 후원할 수도 있습니다.

봉사활동
건강한 신체를 활용하는 활동으로, 무료급식 배식이나 연탄 나르기, 주거환경개선 돕기 등이 있습니다.

재능과 지식 기부하기
개인이 갖고 있는 재능과 지식을 활용하여 개인의 이익이 아닌 사회에 기여하는 나눔 활동입니다. 악기연주, 운동, 컴퓨터, 그림그리기, 상담, 공부 도와주기 등 각자가 가진 재능과 지식을 살려서 나눔을 실천할 수 있어요.

02

두 번째 목표

배고픈 사람이 있으면 안 돼요!

현재의 상황

우리 친구들은 음식을 먹고 나서 남기거나 버린 적이 있나요? 전 세계 인구 가운데 약 8억 2천만 명(세계 인구 9명 중 1명)이 제대로 식사를 하지 못하고 힘들게 살고 있습니다. 특히 아프리카에서는 인구의 약 3분의 1이 영양부족으로 고통 받고 있습니다.

알아봅시다

배가 고파 영양 부족에 처한 사람들

굶주림과 영양부족은 우리 시대가 맞닥뜨리고 있는 가장 큰 해결과제 가운데 하나입니다. 굶주림과 잘못된 음식의 섭취는 고통과 건강문제를 일으킬 뿐만 아니라, 교육과 고용 등 다른 여러 분야의 발전까지 느리게 만들기 때문입니다.

전 세계 인구의 1/8은 영양실조에 걸려 각종 질병에 노출돼 있고, 매년 4천만~6천만 명의 아이들이 기아로 목숨을 잃고 있습니다. 한쪽에서는 이렇게 많은 사람들이 당장 먹을 것이 없어 굶주리는데, 다른 한쪽에서는 과다한 육류 소비로 비만에 시달리고 있습니다.

낭비되며 버려지는 음식 쓰레기

우리나라에서는 하루에 1만 5천 톤의 음식물 쓰레기가 배출되고 있습니다. 1년에 약 570만 톤이고, 이로 인한 손실액만 20조 원이나 됩니다. 이런 음식물 쓰레기는 처리과정에서 온실가스를 유발해 환경에도 나쁜 영향을 끼칩니다. 더구나 우리나라의 식량자급률은 2018년도 기준으로 46.7%에 불과합니다. 먹거리의 절반 이상을 수입에 의존하는 것이죠.

먹지 않고 음식물을 버리는 것을 「죄악」이라고 표현하는 사람도 있습니다. 먹지 못해서 굶는 아이들, 음식물 쓰레기가 넘치는 사회, 나아가서 환경을 오염시키는 음식물 쓰레기! 우리 친구들도 집이나 학교에서 점심을 먹을 때, 음식물을 남긴 적이 있다면 굶주리는 사람들을 생각해 보아요.

내가 비만은 아닌지 생각해보고,
음식물 쓰레기를 줄일 방법을 찾아보아요.

실천하는 방법

> **각국 정부가 정책으로 실천하는 과제**

- 기아를 끝내고, 빈곤층과 취약계층, 영유아를 포함한 모든 사람들이 일년 내내 안전하고, 영양가 있는 식량에 충분히 접근할 수 있도록 보장합니다.

- 소규모 식량 생산자(농부)에게 토지 및 기타 생산자원과 지식, 금융서비스 등을 제공하여 농업 생산성과 소득을 두 배로 늘리도록 합니다.

- 생산을 늘리고 생태계 유지를 도우며 기후변화, 기상이변, 가뭄, 홍수 및 기타 재해에 대한 적응력을 강화하여 지속가능한 식량생산 시스템을 보장합니다.

- 식료품 시장을 안정시키고, 식품의 급격한 가격 변동을 막기 위해 식량 저장에 관한 내용이 포함된 시장 정보에 누구나 접근할 수 있도록 합니다.

어린이 여러분들이 할 수 있는 과제

음식을 남기지 않기

우리 주위에는 너무 맛있는 음식들이 넘쳐납니다. 그런데 이렇게 맛있게 먹고 나서 음식물을 남기면 바로 음식물 쓰레기가 됩니다. 배고픈 사람들은 우리를 어떻게 바라볼까요? 게다가 음식물 쓰레기는 처리 과정에서 온실가스를 유발해 지구환경에 나쁜 영향을 끼치며, 비만을 불러오기도 합니다. 과도하게 먹거나 남겨서 음식물 쓰레기로 버리는 일은 없어야 하겠죠?

푸드뱅크에 음식 기부하기

푸드뱅크는 기업이나 개인으로부터 식품 및 생활용품을 기부 받아서 결식아동이나 독거노인 등과 같은 저소득 소외계층에게 지원해 주는 단체입니다. 1960년대에 미국에서 생겨났고, 우리나라에서는 1998년 IMF 경제위기 이후 급격히 증가한 결식아동과 독거노인, 노숙인의 급식문제를 해결하기 위해서 시작되었습니다. 우리 친구들도 실천할 수 있는 범위 안에서 다른 친구들과 함께 참여해 보면 어떨까요?

03

세 번째 목표

건강을 지키며 질병을 예방해요!

현재의 상황

2020년에는 코로나19 대유행이 전 세계를 강타하여 사람들을 무서움에 떨게 하고 있습니다. 그러나 코로나19 외에도 말라리아, 결핵, 영양실조, 각종 질병으로 인해 아파하는 친구들이 많이 있습니다. 그들 중엔 적절한 의료 서비스를 받지 못하는 사람들도 있습니다.

알아봅시다

세계를 강타한 코로나19

코로나19의 발생 원인에 대해서는 많은 주장들이 있습니다. 많은 사람들이 코로나19가 야생동물로부터 시작된 것은 아닌지 의심하고 있습니다. 박쥐에서 유래된 바이러스가 천산갑에게 옮겨졌고, 천산갑으로부터 인간이 감염되었다고 추측하는 겁니다. 야생동물이 인간이 사는 영역에 모습을 드러내는 경우가 흔하지는 않지만, 나무 수 감소와 기후변화가 일어나면서 야생동물이 살 곳이 줄어들면서 야생동물이 먹이를 찾아 사람들이 사는 곳에 나타나는 경우도 늘고 있죠. 인간과 야생동물의 거리가 필요 이상으로 가까워지면서 바이러스에 감염될 위험이 그만큼 커졌다는 주장도 많습니다.

질병으로 고통받는 아이들

전 세계에는 코로나19 이외의 질병으로 인해 5세 이전에 목숨을 잃는 아동들이 1년에 약 530만 명이나 됩니다. 아프리카의 사하라 사막 아래에 위치한 국가들에서는 13명 가운데 1명의 어린이가 5살 이전에 사망합니다. 각종 질병이나 영양실조, 전쟁 등이 사망의 가장 큰 원인입니다.

우리 가족이 아프거나 죽는 일은 내가 아픈 것만큼이나 고통스럽습니다. 어른으로 자라지 못한채 죽고, 어른이 되어서도 질병에 걸렸을 때 병원이나 약국이 멀어 제대로 된 치료를 받지 못하는 사람들이 있습니다.

생각해 보아요

우리 친구들이 아팠던 경험에 대해 이야기해 보아요.
얼마나 아팠고, 부모님께서 어떻게 해주셨나요?

실천하는 방법

각국 정부가 정책으로 실천하는 과제

- 모든 국가에서 출생 인구 1,000명당 신생아 사망를 12명까지, 5세 미만 사망수를 25명까지 낮추는 것을 목표로 하고 있습니다.

- AIDS(에이즈), 결핵, 말라리아, 열대병 등 전염병의 대규모 확산을 막고, 간염, 수인성 질환 및 기타 감염성 질병을 퇴치합니다.

- 마약과 유해한 알코올 사용을 비롯한 약물 오남용의 예방과 치료를 강화하고, 전 세계 도로 교통사고로 인한 사상자의 수를 절반으로 줄이도록 합니다.

- 필수적인 보건서비스를 제공하고, 적정가격의 필수 의약품 및 백신에 대한 접근을 포함하여 모두를 위한 보편적 의료보장을 달성하도록 합니다.

어린이 여러분들이 할 수 있는 과제

깨끗하게 손 씻기
이것저것 만지는 사람의 손에는 병균이 많아요. 손 씻기는 가장 쉽게 질병을 예방하는 효과적인 방법입니다. 감기와 식중독은 물론 코로나19도 예방할 수 있답니다.

WHO란 무엇일까요?

코로나19 뉴스에 많이 나오는 세계보건기구(WHO)라는 국제기구가 있습니다. 이 기구는 인간의 기본적 인권인 「건강」을 지키기 위해 설립한 국제연합(UN) 산하의 전문기관이에요. 2020년 기준으로 194개 회원국을 두고 있어요. 세계보건기구의 목적은 전 세계 인류가 가능한 한 건강하게 생활할 수 있도록 하는 것입니다.

세계보건기구는 건강을 위한 효과적인 정책을 세우고, 회원국들에게 다양한 도움을 주고 있답니다.

04
네 번째 목표

모두에게 교육의 기회를 주세요!

현재의 상황

전 세계에는 학교에 다니고 싶어도 다니지 못하는 친구들이 약 3억 3천만 명이나 됩니다. 가난한 친구들은 학교에 다닐 돈이 없으며, 어린 나이에도 공부가 아닌 일을 해야 하는 처지입니다. 또한 지역 분쟁이나 전쟁이 일어나 학교가 망가져서 다닐 수가 없기도 합니다.

알아봅시다

학교에 가고 싶지만 가지 못하는 친구들

코로나19 유행으로 학교를 못 가는 날이 많았습니다. 지금까지 학교 가는 것이 귀찮다고 생각했던 친구들도 빨리 학교에 가고 싶었을 겁니다. 대유행이 잠잠해지면 다시 학교에 다닐 수 있습니다.

그런데 국제아동기금(UNICEF) 보고서에 따르면 전 세계 5살~17살 아이들 가운데 5명 중 1명에 해당하는 3억 3천만 명이 학교에 가고 싶어도 다닐 수 없다고 합니다.

가장 큰 원인은 가난과 전쟁 때문입니다. 집안 형편이 어려워서 부모를 도와 일을 하며 돈을 벌어야 하는 친구, 수도가 집에 없어서 매일같이 몇 시간이나 걸어가 물을 구해 와야 하는 친구도 있습니다. 또 전쟁으로 인해 고향에 살지 못하고 피난민이 되어 학교에 가지 못 하는 친구도 있습니다.

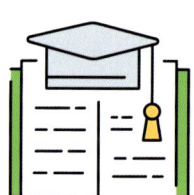

아이들을 기다리는 어두운 미래

공부를 열심히 하면 꿈을 이룰 수 있는 능력이 생깁니다. 자신의 미래를 개척할 수 있게 되는 것이죠. 그러나 공부할 기회가 없다면 미래의 꿈을 이루기 힘들며, 좋은 직업을 가질 가능성도 낮아집니다.

결국 학교에 못 가는 사람은 본인의 능력을 키울 수 없고, 취업을 하기도 힘들어서 가난에서 탈출하기가 힘들어지는 겁니다. 그리고 악순환은 계속해서 반복됩니다.

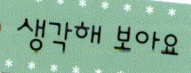

일주일동안 학교에 안 가면 신나고 좋을 것입니다.
그런데 그것이 장래의 나에게 이로운 일일까요?

실천하는 방법

> **각국 정부가 정책으로 실천하는 과제**

- 모든 아이들이 의미 있고 효과적인 학습 성과를 이룰 수 있도록, 형평성 있는 양질의 초등 및 중등 교육을 무료로 받을 수 있도록 합니다.

- 모든 학생들이 적절한 학비를 들여 기술 교육과 직업 교육, 대학 교육 등에 동등하게 접근할 수 있도록 기회를 보장합니다.

- 모든 학습자들에게 지속가능 발전, 지속가능한 생활 방식, 인권, 성평등, 평화와 비폭력 문화 확산, 세계시민의식, 문화 다양성 등을 가르칩니다.

- 아프리카 등 최빈국에 제공되는 장학금의 규모를 전세계적으로 대폭 확대하며, 국제협력 등을 통해 최빈국 학생들을 가르칠 우수한 선생님들을 대폭 늘립니다.

다큐멘터리 '학교 가는 길'

「학교 가는 길」은 힘들게 학교에 다니는 어린이들을 촬영한 다큐멘터리예요. 통학이 힘들지만 배움을 통해 꿈을 이루기 위해서 살아가는 친구들을 그리고 있습니다.

케냐에 사는 10살 소년 잭슨은 집안일을 도운 후 초원을 가로질러 학교에 다닙니다. 15km나 되는 거리를 2시간이나 걸어가야 하는데, 야생 동물이 있는 초원을 지나가야 하기 때문에 위험해요. 잭슨은 꿈이 있어서 오늘도 달립니다.

인도에 사는 11살 소년 사무엘은 어머니와 친구들이 밀어주는 휠체어를 타고 4km나 떨어진 학교까지 1시간 15분이나 걸려서 다닙니다. 들판을 지나야 하고 비가 오면 물길도 건너야 한대요. 그래도 사무엘은 친구들이 있어서 학교 가는 길이 즐겁습니다.

모로코에 사는 12살 소녀 자이라는 22km나 떨어진 학교를 4시간이나 걸어서 다닙니다. 고지대라 험악한 산길을 친구들과 함께 몇 시간이나 걷습니다. 운이 좋으면 자동차를 얻어 타기도 하죠. 그래도 자이라는 배우는 것이 즐겁습니다.

https://www.youtube.com/watch?v=elsQ0B43Q9Y
영상을 시청하세요.

05

다섯 번째 목표

서로 다른 성별을
(LGBT 포함)
평등하게 대우해요!

현재의 상황

여성은 세계인구의 절반을 차지하지만, 성별에 의한 불평등은 아직도 전 세계 곳곳에 존재합니다. 여성의 지위향상은 전 세계 공통의 과제이죠. 그러나 개발도상국 가운데 3분의 1은 초등학교 교육의 기회에서부터 성평등을 이루지 못하고 있습니다.

알아봅시다

> 남자·여자가 모두 평등한 사회

전 세계에서 완전한 성평등을 이룬 국가는 2019년 기준으로 6개밖에 없다는 세계은행의 조사 결과가 있습니다. 벨기에와 덴마크, 프랑스, 라트비아, 룩셈부르크, 스웨덴입니다(성평등 지수 100). 한국은 85점으로 콜롬비아와 함께 공동 57위, 일본은 79위, 중국은 97위였습니다.

우리 사회가 지속적으로 발전하기 위해서는 성차별을 하여서는 안 됩니다. 하지만 앞의 성평등 지수에서 보듯이 여성이나 성소수자(LGBT) 등에 대한 차별이 여전히 많이 있습니다. 개발도상국의 여성들은 교육받는 기회부터 불평등하므로, 이후의 취업할 기회도 불평등할 수밖에 없습니다.

또 어떤 국가의 통계에 의하면 15~49살의 여성이나 여아 가운데 신체적 또는 성적 폭력을 당한 비율이 18%나 된다고 합니다.

성별에 따른 역할이 존재할까?

이렇게 직접적인 차별이나 폭력 말고도 우리 주위에는 무의식적인 성 성고정관념이 널리 퍼져있습니다. 가령 남자는 무조건 씩씩하며 파란색을 좋아하고, 여자는 얌전하며 분홍색을 좋아한다는 선입관이 존재합니다. 심지어 우리가 배우는 교과서에도 고정관념이 반영되어 있답니다. 지금은 계속해서 수정하고 있지만, 우리 친구들도 무의식적인 성 고정관념에 대해서 항상 관심을 갖고 고쳐 나갔으면 좋겠습니다.

생각해 보아요

어른들로부터 남자는 이래야 한다,
여자는 이래야 한다라는 들어본 적이 있나요?

실천하는 방법

각국 정부가 정책으로 실천하는 과제

- 여성 및 여자아이에 대한 모든 형태의 차별을 철폐합니다. 사적인 영역과 공적인 영역에서 이루어지는 모든 형태의 폭력을 없애도록 합니다.

- 조혼(일찍 결혼하기), 강제 결혼 등의 나쁜 풍습을 없애도록 합니다. 여성이 다양한 유형의 자원에 대해 접근할 수 있도록 합니다.

- 나라별 상황에 맞춰 공공서비스, 사회기반시설, 사회보장정책 및 가정 내 공동의 책임을 도모하며 가사 노동에 가치를 부여하고 중요성을 인식하도록 합니다.

- 정치, 경제, 공공부문 등 모든 차원의 의사결정 과정에서 여성의 효과적인 참여를 강화하고, 리더십에 대하여 동등한 기회를 보장합니다.

어린이 여러분들이 할 수 있는 과제

나의 성평등 지수 체크해 보기

다음 항목을 읽어보고 〈네〉라면 체크, 〈아니오〉는 체크하지 마세요.

- [ ] 남자친구와 여자친구 사이에 다툼이 일어났을 땐 남자친구가 무조건 양보하는 편이 낫다.
- [ ] 여자친구가 장난감 총이나 자동차를 가지고 노는 것은 어색하다.
- [ ] 여자친구는 상냥하고 친절해야 학교생활을 하는데 유리하다.
- [ ] 남자친구가 머리를 기르거나 화장을 하는 것은 좋지 않다.
- [ ] 남자친구들은 수학이나 과학을 더 잘하고, 여자친구들은 미술이나 국어를 더 잘한다.
- [ ] 여자친구는 교사나 간호사, 남자친구는 군인이나 경찰, 의사가 적합히다.
- [ ] 여자가 남자보다 꼼꼼하고 섬세하여 가사일이나 자녀를 기르는 일에 더 적합하다.
- [ ] 솔직히 남자보다 여자가 외모에 더 신경 쓸 필요가 있디.
- [ ] 남자는 힘이 강하고 능력이 뛰어난 것이 중요하다.
- [ ] 남자가 자주 우는 것은 남자답지 못하다.

'네'의 개수가
[0개]   차별이 없는 건강한 생각을 하고 있어요.
[1~4개] 차별이 조금씩 자라고 있어요. 조심조심!
[5개 이상] 주의! 차별에 대해 좀 더 민감해질 필요가 있어요!

2

풍요롭고
조화로운 세상

풍요롭고 조화로운 세상에서는
친환경 에너지를 통해 에너지 소비를 줄여요.
일자리를 늘리고, 산업을 키우고, 사회기반시설을 지어요.
모두가 부를 누릴 수 있도록 평등한 사회를 만들어요.
우리 삶의 기반인 도시를 풍요롭게 가꿔 나가요.

07

일곱 번째 목표

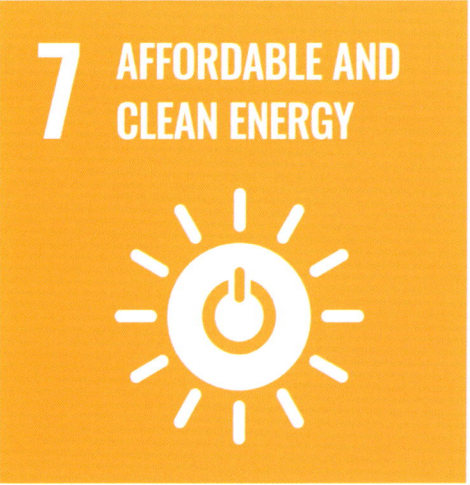

친환경 에너지를 사용해요!

현재의 상황

전기는 중요합니다. 그러나 석유, 석탄 에너지를 환경에 해가 되는 방법으로 생산해서 자연환경이 오염되고 있습니다. 전기를 당연하게 생각하며 함부로 낭비하는 사람들도 있습니다. 사하라 사막 이남에는 전기를 사용하지 못하는 사람들이 3억 명이 넘는데도 말입니다.(2017년 기준)

알아봅시다

늘어나는 에너지의 사용과 부작용

우리나라는 모든 지역에서 전기를 사용할 수 있습니다. 휴대용 배터리도 있고요. 우리는 언제 어디서나 전기 사용을 당연한 것으로 여깁니다. 18세기 산업혁명 이후 인구증가와 산업발전을 바탕으로 에너지 소비는 급격히 증가해 왔습니다. 앞으로도 아시아와 아프리카의 경제성장으로 인해 에너지 소비는 계속해서 증가할 것으로 예측됩니다.

그런데 현재의 에너지는 석유와 석탄, 천연가스와 같은 화석 에너지가 중심입니다. 이 화석 에너지로 전기 에너지를 만들거나 사용하는 과정에서 환경이 많이 오염됩니다. 특히 화력발전의 매연은 미세먼지의 주범으로 지적받기도 하고, 또 수질오염을 일으키기도 하지요. 때문에 인류는 원자력 에너지를 이용하는 수준까지 기술을 발전시켜 왔지만, 이 원자력 에너지를 사용하면 구소련의 체르노빌 사고나 일본의 후쿠시마 원자력 사고에서 보듯이 한 번의 사고로 너무 큰 피해를 발생시킵니다.

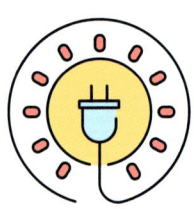

재생 가능 친환경 에너지의 이용

그래서 미래의 에너지로서 전 세계가 힘을 쏟고 있는 것이 태양광이나 수력, 풍력 같은 재생 가능 친환경 에너지입니다. 전 세계의 최종 에너지 소비 가운데 약 18.1%가 재생 가능 에너지 소비이며, 선진국을 중심으로 재생 가능 에너지를 적극적으로 도입하고 있습니다. 청정에너지 개발과 도입은 우리 인류가 시급히 해결해야 할 중요한 과제 중 하나입니다.

생각해 보아요

전기 생산에는 비용이 많이 듭니다.
나에게 전기를 낭비하는 습관이 있지는 않은가요?

실천하는 방법

> **각국 정부가 정책으로 실천하는 과제**

- 모든 사람을 대상으로 하는 적정한 가격·신뢰할 수 있는 현대적인 에너지 서비스에 대한 보편적인 접근을 보장하도록 합니다.

- 전세계 에너지믹스(에너지원의 다양화)에서 신재생 에너지의 비중을 대폭 늘립니다. 전세계 에너지 효율의 개선율을 두 배로 늘립니다.

- 재생에너지와 에너지 효율, 보다 깨끗한 화석연료기술 등을 포함한 청정 에너지 연구 및 기술 개발에 대한 국제협력을 강화하고, 기술 투자를 늘립니다.

- 개발도상국, 최빈국 모두를 위한 각국의 지원 프로그램에 따라, 현대적이고 지속가능한 에너지 서비스를 공급할 수 있는 기술을 발전시킵니다.

어린이 여러분들이 할 수 있는 과제

전기(에너지)를 절약하기

1. 사용하지 않는 전기 제품을 꺼주세요.

사람이 없는 방에 등을 끄고, 보지 않는 텔레비전, 쓰지 않는 컴퓨터는 꺼주세요.

2. 대기전력을 줄여요.

대기전력은 전자제품을 플러그를 꽂아 두었을 때 사용과 무관하게 낭비되는 전력을 말합니다. 즉 전기선만 꽂아놓아도 전기가 소비되어 낭비가 됩니다.

3. 계절별 실내 적정온도를 지켜요.

여름철 적정 냉방온도는 26℃이고, 겨울철 적정 난방온도는 18~20℃입니다. 적질한 온도를 지키는 것이 건강에도 좋답니다.

4. 고효율 가전제품을 사용해요.

에너지 소비효율은 1~5등급으로 구분되는데, 1등급을 사용할 때 5등급 제품에 비해 약 30~40%의 전기 에너지를 절약할 수 있습니다.

08

여덟 번째 목표

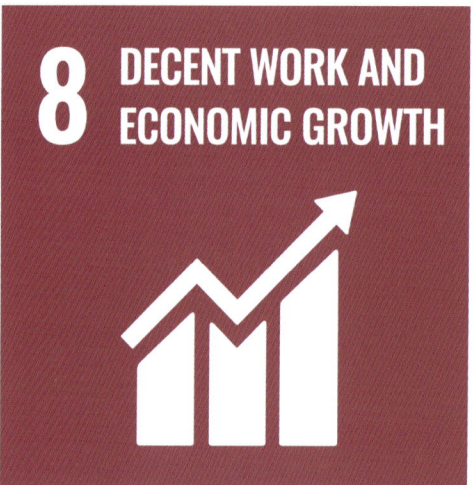

일자리를 늘리고
경제를 키워가요!

현재의 상황

전 세계에는 직업이 없는 실업자가 약 1억 9천만 명이나 됩니다. 일이 있더라도 세계인구의 약 반 정도는 하루에 2달러도 되지 않는 초저임금만 받고 일하기도 합니다. 그 중에서도 아동의 노동착취가 특히 문제입니다. 가난해서 일은 해야 하는데 그에 따른 보상은 너무 적습니다.

알아봅시다

힘든 조건에서 일하는 사람들

앞서 말했듯 많은 사람들이 힘든 조건에서 일을 하며, 어린이의 노동 착취 문제도 심각합니다. 5~17살에 일하는 아동노동인구는 전 세계에 약 1억 5,200백만 명이나 됩니다. 전 세계 아동인구 10명 중 1명이 일하는 셈이죠. 다행히 우리나라에선 연예계와 스포츠계를 빼면 아동 노동이 이루어지지 않고 있습니다. 우리 친구들도 학교를 다 마치고 졸업하면 직업을 갖게 되겠죠. 이러한 상황을 극복하기 위해, 국가나 기업에서는 젊은 세대들을 위해서 좋은 일자리를 많이 만들려고 합니다. 그래서 경제가 성장하고 나라살림이 좋아지면 그 혜택이 국민들에게 복지로 돌아갈 테니까요.

기술의 발전으로 변화하는 직업들

기술이 발전하면 전에는 없던 새로운 직업들도 많이 생깁니다. IT분야가 대표적이죠. 컴퓨터 프로그래머는 앞으로도 계속해서 각광 받는 직업이 될 것입니다. 드론 조종사도 마찬가지이구요. 또 여행객이 늘어나서 관광 활성화에 따른 일자리도 많이 생기고 있습니다.

기술의 발전은 좋지 않은 소식도 전하고 있는데요. 바로 인공지능(AI)의 발달로 점차 사람이 하던 일을 로봇이나 인공지능이 대체하게 될 것이라는 소식입니다. 그러나 인공지능이나 로봇도 사람이 만드는 것이고, 또 결코 로봇이 사람을 대신할 수 없는 직업도 많습니다. 그러므로 우리 친구들은 재미있게 공부하면서 꿈도 크게 키워나가도록 합시다.

 생각해 보아요

과학이 발전하더라도 로봇이 대신할 수 없는 직업은 무엇이 있을까요?

실천하는 방법

각국 정부가 정책으로 실천하는 과제

- 강제노동, 현대판 노예, 인신매매를 근절하고, 가혹한 형태의 아동노동 금지 및 종식을 위해 즉각적이고 효과적인 조치를 취하도록 합니다.

- 양질의 일자리를 만들고, 기업가 정신, 창의성과 혁신을 지원하며, 금융서비스에 대한 접근을 포함한 소상공인 및 중소기업의 형성과 성장을 돕도록 합니다.

- 이주노동자, 특히 여성 이주자와 불안정한 고용상태에 있는 사람들을 포함한 모든 노동자의 권리를 보호하고, 안전하고 안정적인 근로환경을 조성합니다.

- 청년 및 장애인을 포함한 모든 여성과 남성을 위한 양질의 일자리를 창출하고, 동일하게 일하면 동일한 임금을 받을 수 있도록 합니다.

과거에 있었지만 지금은 사라진 직업

전차 운전사
1966년 전차 운행이 중단될 때까지 전차 운전사는 선망의 대상이었습니다. 하지만 자동차와 버스의 급증으로 상대적으로 느린 속도로 움직이던 전차는 교통체증을 일으키는 장애물로 전락하면서 철거됩니다.

영화간판 화가
1970~1980년대가 전성기였죠. 하지만 1990년대에 들어서면서 영화관 규모가 커지고, 프린트 기술이 발달하여 새로운 형태의 간판이 걸리게 됩니다. 이로 인해 영화 간판을 그리던 화가들이 사라졌답니다.

버스 안내양
1961년부터 승객들이 버스를 안전하게 타고 내릴 수 있도록 도와주던 버스 안내양도 1988년 올림픽을 앞두고, 이미지 개선을 위한 버스 개혁이 추진되면서 사라지게 되었습니다.

전화 교환원
전화교환원은 과거에 전화기 다이얼을 돌려 신호를 연결하면 이에 응답하고 고객의 요청에 따라 상대에게 연결시켜 주는 직업이었습니다. 그 후 자동식 전화기와 전자식 전화기가 확산되면서 교환원이 필요 없어졌습니다.

09

아홉 번째 목표

산업을 키우고
사회기반시설을 지어요!

현재의 상황

아프리카와 아시아, 남미의 많은 개발도상국에서는 도로와 통신, 전기와 수자원 등과 같은 기본적인 사회기반시설이 많이 부족한 상태입니다. 인터넷은요? 우리는 아무 때나 스마트폰을 하지만, 전 세계 인구의 16%는 이러한 이동 통신망에 접속하지 못하고 있습니다.

알아봅시다

사회기반시설의 부족과 산업의 발전

사회기반시설이란 기본적인 생활에 필요한 교통, 수도, 에너지, 정보 및 통신기술 등을 말하며 '**인프라**'라고 부르기도 합니다. 개발도상국에서는 산업이 발달하지 않아서 이러한 시설들이 부족해요. 그런데 단순히 불편한 것으로 끝나는게 아니에요. 많은 저소득 국가의 경우 인프라가 부족하여 산업이 성장하기도 어려운 상황입니다.

사회기반시설에 대한 투자는 지속 가능한 발전을 이루기 위해 중요합니다. 생산과 소득이 올라가고, 건강 및 교육이 향상되기 위하여 사회기반시설에 대한 투자를 해야 합니다. 그렇게 해야 산업이 발전할 수 있어요.

그리고 산업화에 따른 일자리의 창출은 사회에 긍정적인 영향을 미칩니다. 각 나라들은 각자의 경쟁력이 있어요. 혁신적인 기술을 도입하여 산업을 키워나가야 합니다.

산업 발전 만큼 환경도 중요해요

사회기반시설도 짓고, 산업도 키워야 하지만 그 과정에서 환경도 생각해야 합니다. 공장을 돌리거나 자동차를 움직일 때 이산화탄소가 나오고 다양한 오염 물질들이 배출되거든요. 10년 동안 많은 국가에서 탄소 배출량이 감소했지만 아직도 부족하대요. 환경 오염을 줄이기 위해서는 기술도 발전시켜야 합니다. 과학자들은 친환경 기술들을 계속 연구하고 있어요.

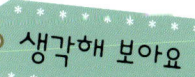

앞으로 생겼으면 하는 사회기반시설은 뭐가 있을까요?
그리고 그 시설이 환경보호에 도움이 되나요?

실천하는 방법

각국 정부가 정책으로 실천하는 과제

- 모두가 접근할 수 있는 경제발전 및 인류의 웰빙 증진을 위해 지역과 국경을 넘는 사회기반시설을 포함하여 신뢰성 있고 지속가능한 사회기반시설을 구축합니다.

- 포용적이고 지속가능한 산업화를 추진하고, 국가별 상황에 맞게 고용과 국내총생산(GDP)에서 산업 비중을 대폭 확대하도록 합니다.

- 국가별 역량에 따른 자원활용의 효율 개선과 청정·친환경 기술 및 산업공정 도입을 확대하여, 기존의 사회기반시설과 산업을 지속가능하게 개선합니다.

- 아프리카 국가, 최빈국, 개도국 등에 대한 재정, 기술, 전문적인 지원을 확대하여, 지속가능하고 복원력 있는 사회기반시설을 구축하도록 합니다.

스마트 시티를 아시나요?

지금까지의 자동차는 대기오염을 일으키는 주범으로 지적 받아 왔습니다. 미래에는 친환경 자동차가 많아질 것이고, 여러 대를 다 같이 공유하는 시대가 될 것인데요. 즉, 미래에는 이러한 사회기반시설이 등장할 것입니다. 스마트폰으로 친환경 자동차를 집 앞까지 오게 하고, 목적지만 입력하면 자동차가 알아서 데려다 준대요. 교통이 하나로 연결되어 있어서 누구나 불편함 없이 바로바로 이용할 수 있죠. 바로 스마트 시티가 그리는 사회입니다.

스마트 시티에서는 도시 전체가 완벽한 인터넷으로 연결(IoT)되어 있어서 직장에 나가지 않고도 업무를 볼 수 있답니다. 교통망이 거미줄처럼 잘 짜여 있어서 스마트폰으로 언제 어디서든 차를 부르면 인공지능(AI)이 들어간 차가 내가 부르는 곳까지 와 줍니다. 도시의 전기도 효율적으로 이용하기 때문에 에너지를 많이 절약할 수 있답니다.

이렇게 모든 것이 하나로 연결되어 관리되기 때문에 그만큼 환경오염을 줄일 수 있고, 결국 지구를 깨끗하게 할 수 있는 것이죠.

10

열 번째 목표

불평등 없는 사회를 만들어요!

현재의 상황

어떤 나라에선 학교에 다닐 나이인데도 무장괴한한테 끌려가 총을 들어야 하는 「소년병사」가 되는 친구들이 있다고 해요. 또한 교육을 못 받고 병원에 못가는 친구들도 있고요. 같은 사람이고 태어난 국가만 다를 뿐인데 세계에는 너무나 큰 불평등이 존재합니다.

알아봅시다

> **국내외에서 불평등한 삶을 사는 사람들**

우리 친구들은 차별받고 있다고 느껴본 적이 있나요? 세상에는 수많은 형태의 차별이 있습니다. 피부색이 달라서, 종교가 달라서, 교육 수준이 달라서, 가난해서 등등. 이런 차별이 존재하는 불평등한 사회는 지속가능한 발전이 이루어지기 힘들겠죠.

우리나라의 친구들은 무상교육 덕분에 가정에 돈이 없어도 고등학교까지 다닐 수 있습니다. 아파서 병원에 못 가거나 굶어 죽는 친구도 거의 없습니다. 하지만 중동이나 아프리카에는 교육을 못 받고, 병원도 못 가고, 심지어 유괴를 당하거나 힘든 노동에 내몰리는 친구들이 있습니다.

그렇다고 우리나라에 차별이 없는 것은 아닙니다. 장애를 가진 친구들은 여전히 차별받고 있습니다. 가난에서 오는 차별도 있습니다. 또 다문화 가정의 친구들도 알게 모르게 차별을 받습니다.

이런 차별을 놔둬야 할까요? 혜택 받을 수 없는 환경에서 태어난 아이들이 학교에 다니지 못하거나 배고파하면서 지내야 할까요?

우리가 전쟁을 없애는 것은 불가능하지만 우리 주변에 있는 불평등은 고칠 수 있습니다. 나도 차별받지 않아야 하지만, 내가 타인을 차별하고 있지는 않은지도 살펴봤으면 좋겠습니다.

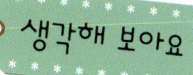

우리 친구들이 차별받은 적이 있거나
차별한 적이 있다면 솔직히 이야기해 보아요.

실천하는 방법

> **각국 정부가 정책으로 실천하는 과제**

- 연령, 성별, 장애여부, 인종, 민족, 출신, 종교, 경제 및 기타 지위와 관계없이 모든 사람을 사회적, 경제적, 정치적으로 포용하도록 합니다.

- 차별적인 법규와 정책, 관행을 없애고, 이와 관련된 적절한 법을 제정하고, 정책을 입안하고, 조치를 마련하여 평등한 기회를 보장하고 결과의 불평등을 감소시킵니다.

- 계획적이고 잘 관리되는 이주정책의 이행 등을 통해, 체계적이고 안전하며 정규적이고 책임 있게 인구의 이주와 이동을 지원하도록 합니다.

- 세계무역기구(WTO)의 협정에 따라, 도움이 가장 필요한 개발도상국, 아프리카 국가, 최빈국에 대한 특별우대 조치 규정을 이행하도록 합니다.

다문화 가족의 현실

2020년 기준 다문화 가구는 우리나라 전체가구 중 33만 가구에 이릅니다. 그런데 이러한 다문화 가정의 학생들이 혼란과 소외감을 느끼고 있습니다. 이들은 차별은 물론 따돌림이나 학교폭력까지 경험합니다. 2018년 조사에 따르면 다문화 가족의 자녀 8.2%가 '학교폭력 피해를 경험했다'고 답했습니다. 그래서 일부 다문화 아동·청소년들은 끝내 학교를 그만두기도 합니다. 내 주위의 다문화가족 학생들이 차별 받고 있다면, 우리 친구들이 먼저 손을 내밀어 주세요.

노동에 내몰린 어린이들

초콜릿의 원료인 카카오 열매농장에서 서아프리카에서만 210만 명이나 되는 어린 친구들이 일하고 있습니다. 이렇게 아동들이 카카오 농장에서 일 하는 이유는 가난 때문인데요, 아동 노동에 대한 문제는 오래전부터 국제사회에 제기되어, 꾸준히 해결되고 있기는 하지만 아직도 갈 길이 멀다고 합니다.

열한 번째 목표

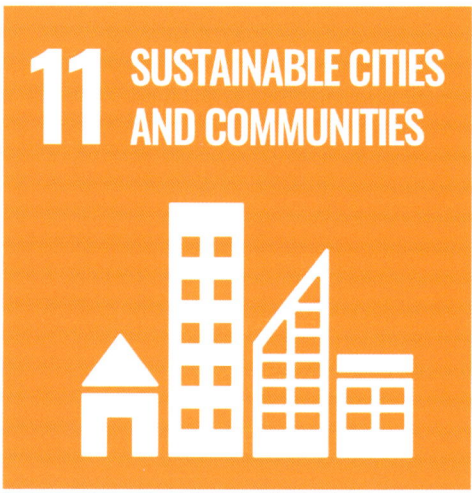

도시를 풍요롭게
가꿔 나가요!

현재의 상황

서울, 부산 같은 세계적인 대도시는 소도시들과 달리 많은 과제를 안고 있습니다. 환경을 생각하지 않고 도시를 개발해 왔기 때문입니다. 도시의 허파인 숲은 점점 사라지고 있고, 밀집된 사람들이 살아가기 위해서 아파트나 고층 건물들이 도시를 메꾸고 있습니다.

알아봅시다

> 회색빛 콘크리트로 뒤덮인 도시

사람들이 많이 살게 되면 마을은 도시가 되고, 도시는 대도시가 됩니다. 콘크리트로 덮인 대도시는 세계 에너지의 70%를 소비하며, 엄청난 양의 이산화탄소를 배출하여 환경을 오염시키기도 합니다. 앞으로도 많은 인구가 도시로 몰려들텐데요, 환경이 계속해서 파괴된다면 사람이 살 수 없을 것입니다. 지속 가능할 수 없어요.

그래서 대기오염으로 인하여 잿빛도시로 바뀐 우리 삶의 터전을 다시 원래의 깨끗하고 살기 좋은 곳으로 되돌리려고 세계 곳곳에서 노력하고 있습니다. 바로 깨끗한 생태 도시, 친환경 도시를 만들자는 움직임입니다.

시민들이 일궈낸 도시의 변화

미국 테네시(Tennessee)주에 있는 채터누가(Chattanooga)시가 1969년에 [대기 오염이 가장 심한 도시]로 선정되자, 시민들은 큰 충격을 받았습니다. 이후 시민들이 자발적으로 단체를 만든 뒤, '환경에 좋은 것이 사람에게도 좋다'는 정신으로 오염물질 감축 및 정화 시스템을 자발적으로 도입합니다.

한 가지 예로, 채터누가 도심으로 들어가는 입구들 근처에는 주차장이 있어서 자동차를 타고 온 사람들이 이곳에 주차한 뒤 전기 셔틀버스를 타고 시내로 들어갑니다. 교통정체와 대기오염을 동시에 줄이자는 것이죠. 지금 채터누가시는 미국인이 가장 걷고 싶어 하는 친환경 도시 가운데 한 곳으로 거듭났습니다.

생각해 보아요

우리가 사는 도시를 아름답게 가꿀 수 있는 아이디어는 뭐가 있을까요?

실천하는 방법

각국 정부가 정책으로 실천하는 과제

- 시민 모두를 위한 충분하고 안전한 적정 가격의 주택과 기초 공공 서비스를 보장하고, 열악한 빈민가의 환경을 개선합니다.

- 모두를 위해 접근이 쉬운 교통 시스템을 제공하고 특히, 여성, 아동, 장애인, 노인 등 취약 계층의 필요를 고려하여 대중교통을 확대하도록 합니다.

- 세계 문화, 자연 유산을 보호하고 보존하기 위한 노력을 강화합니다. 공기의 질과 도시 안팎의 폐기물 처리에 특별한 관심을 기울이도록 합니다.

- 모두를 위한 안전하고 접근 가능한 공공 녹지공간을 마련하며, 도시 및 도시 근교, 농촌 사이의 긍정적인 경제·사회·환경적 연계를 지원합니다.

대표적 생태·녹색도시 세종시

대한민국 중부에 위치한 세종시는 2012년에 만들어진 우리나라의 유일한 특별자치 도시이자 실질적인 행정수도입니다. 아주 잘 계획된 도시이죠. 잘 계획된 도시인만큼 친환경적 생태·녹색도시로 자리하고 있습니다. 콘크리트 대신 흙과 자갈로 빗물을 관리하는 물순환 생태도시이고, 도시 전체에서 52%나 되는 녹지율은 전국 최고이지요. 또 환경을 지키면서도 기후·환경 위기에 대처하기 위한 첨단 스마트 도시를 지향하고 있는데요. 스마트 스쿨을 비롯해 4차 산업혁명 등과 같은 도시주변에 스마트 국가산업단지를 만들어갈 계획입니다. 환경과 첨단 기능이 조화를 이루는 생태도시로 여행 한 번 떠나볼까요?

농촌 체험 휴양 마을

도시를 떠나 농촌에서도 예쁜 마을 가꾸기를 하고 있습니다. 농림축산식품부가 추천하는 각 지역의 대표적인 농촌체험휴양마을이 있으니 부모님과 같이 가서 체험해 보아요.

3

환경을
보호하는 세상

환경을 보호하는 세상을 만들려면
물과 주변 환경을 보호하고,
책임감 있게 물자를 생산하고 소비해야 해요.
이산화탄소 배출을 줄여 기후 변화를 막고,
해양 생태계와 육상 생태계도 보호해야 해요.

06
여섯 번째 목표

깨끗한 물과 환경이 필요해요!

현재의 상황

우리나라는 물이나 화장실을 위생적으로 이용할 수 있는 환경을 갖추고 있습니다. 하지만 전 세계 인구 가운데 약 22억 명은 안전하게 관리된 물을 사용하지 못하고 있습니다. 화장실은 더 심각해서 약 42억 명이 깨끗한 화장실을 이용하지 못하고 있어요.

알아봅시다

> 수돗물을 쓸 수 없는 나라들

수도꼭지를 돌리면 물이 나오는 것이 우리에게는 당연하지만, 수돗물을 쓸 수 있는 나라는 전 세계에 그리 많지 않습니다. 22억 명이 안전하게 관리되는 물을 사용하지 못하고 있으며, 그중 1억 4,400만 명은 호수나 강, 용수로에서 구한 물을 사용합니다. 사하라 사막 아래의 아프리카 국가들에선 약 330만 명의 친구들이 매일 물을 길러 다닙니다. 전 세계 인구 가운데 30억 명은 집에 비누나 물 같은 기본 설비가 없습니다.

삶에 있어서 깨끗한 물을 사용하는 일은 매우 중요합니다. 오염된 물이나 비위생적인 환경은 설사나 콜레라 등과 같은 병의 원인이 되기도 하죠. 실제로 오염된 물을 마시고 설사병이 생겨 목숨을 잃는 친구들이 한 해에 30만 명이나 됩니다. 수도 시설을 갖추고 화장실을 많이 보급하는 일은 그런 것들이 부족한 나라의 최대 과제입니다.

화장실이 따로 없는 집들

2017년 시점에서 길이나 들판, 해안가 등과 같이 집밖에서 소변과 대변을 보는 사람이 세계인구의 9%에 해당하는 약 6억 7,400만 명이나 된다고 합니다. 특히나 전 세계 인구의 35%를 차지하는 중국과 인도에서는 「화장실 혁명」을 진행할 정도로 심각합니다. 청결한 물과 깨끗한 화장실, 올바른 위생 습관의 결여에서 오는 설사병 때문에 1년에 약 82만 9천 명이 목숨을 잃고 있습니다.

생각해 보아요

일주일 동안 수돗물을 자유롭게 사용할 수 없다면 어떤 점이 불편할까요?

실천하는 방법

> 각국 정부가 정책으로 실천하는 과제

- 모두가 적정한 가격의 안전한 식수에 보편적이고 동등하게 접근할 수 있도록 합니다. 물 부족으로 고통받는 인구의 수를 줄이도록 합시다.

- 모두가 적절한 위생시설에 공평하게 접근할 수 있도록 하며 야외 배변을 근절하도록 합니다. 물과 위생 관리 개선을 위해 지역사회의 참여를 지원합니다.

- 오염 감소, 쓰레기 무단투기 근절, 유해화학물질 및 위험 물질 방류를 최소화하고, 미처리 하수비율을 절반으로 줄이도록 합니다.

- 국경을 초월하는 협력을 통해 모든 수준에서 통합적으로 수자원 관리를 합니다. 산, 숲, 습지, 강, 지하수층, 호수를 포함한 물 관련 생태계를 보호합니다.

> 어린이 여러분들이 할 수 있는 과제

물 아껴쓰기

우리나라도 언젠가 물 위기를 겪을 수 있습니다. 평소에 물을 절약하는 생활습관이 중요합니다. 우리 친구들도 손을 씻거나, 세수할 때, 목욕할 때 물을 아껴 쓰는 습관을 길러 보아요.

화장실 보급에 힘쓰는 빌 게이츠 회장

마이크로 소프트의 빌 게이츠 회장은 다양한 자선 활동을 펼치고 있는데, 그 중에서도 위생적인 화장실 보급에 많은 힘을 쏟고 있습니다. 세계 인구의 약 반 이상이 안전하지 않은 위생시설을 사용하고 있고, 변이 적절히 처리되지 않으면 병균이 발생하여 하수를 통해 나쁜 병이 퍼질 수 있어요. 그의 재단은 「변을 스스로 처리할 수 있는 화장실」을 만들고, 변을 유용하게 바꾸는 방법을 연구하고 있대요.

열두 번째 목표

12 RESPONSIBLE CONSUMPTION AND PRODUCTION

책임감 있게
생산하고 소비해요!

현재의 상황

인류는 풍요롭고 편리한 삶을 위하여 많은 자원을 사용해 물건들을 만들어 왔습니다. 그 과정에서도 오랫동안 환경오염이 계속되었고, 제품들을 소비하면서 발생한 폐기물들로 인해 또 다시 지구는 몸살을 앓고 있어요. 이제는 우리 모두 자연친화적인 생산과 소비를 해야 합니다.

알아봅시다

> **우리에게 필요한 생산이 우리를 위협해요**

우리는 우리에게 필요한 다양한 물건을 생산하고, 그것을 소비하고 있습니다. 제조업이 발전하면서 규모가 커지고, 그 결과 대기오염이나 수질오염 등과 같은 공해로 인해 세계에서는 연간 약 900만 명(추정치)이 사망하고 있다는 보고가 있습니다. 우리에게 필요한 일이 결과적으로 우리를 위협하고 있는 것이에요.

화학공장에서 바다나 하천으로 배출된 오염물질이 물고기 체내에 쌓이게 되고, 그 물고기를 잡아먹는 해양 동물이나 인간은 중독성 신경질환을 앓게 됩니다. 이렇게 기업의 생산 활동으로 인해 배출된 유해물질이 바다로 흘러들거나 대기에 방출되어 심각한 건강피해를 초래한 것이 얼마 전까지입니다. 아직 경제 발전이 한창인 일부 국가를 중심으로 공해가 건강이나 환경에 악영향을 끼치면서 큰 사회문제로 떠오르고 있습니다.

현명한 소비가 현명한 생산을 불러와요

그래서 시민활동을 통해 생산자에게 환경을 지키도록 압박하는 동시에, 환경을 훼손하면서 물건을 생산하는 기업의 제품은 소비하지 말자는 운동이 활발히 벌어지고 있습니다. 결국 기업은 돈을 벌어야 하기 때문에, 소비자의 현명한 결정을 통해 환경을 오염시키는 기업들을 퇴출시키는 「**녹색 소비**」, 「**착한 소비**」를 하면 시민들의 요구에 기업들도 따르지 않을 수 없겠죠. 더불어 정부에서는 기업들로 하여금 친환경 인증을 의무화하도록 하는 제도를 시행하고 있습니다.

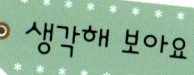
생각해 보아요

우리가 쓰는 제품들은 어떤 자원을 이용해서 만들었으며,
만드는 동안 얼마나 많은 공해가 일어났을까요?

실천하는 방법

> **각국 정부가 정책으로 실천하는 과제**

- 개발도상국의 발전과 역량을 고려하면서, 선진국이 주도하는 '지속가능한 소비와 생산 양식에 관한 10개년 계획 프로젝트'를 모든 나라가 이행합니다.

- 유통 과정에서나 소비자가 발생시키는 1인당 음식물 쓰레기를 절반으로 줄이고, 식품의 생산 및 공급망에서 발생하는 식품 손실을 줄이도록 합니다.

- 화학물질 및 유해폐기물을 모든 단계에서 친환경적으로 관리하고, 인간의 건강과 환경을 위해 그것들이 대기, 물, 땅으로 유출되는 양을 줄이도록 합니다.

- 자연과 조화를 이루는 생활양식, 지속가능한 소비와 생산 패턴을 만들기 위해, 과학 기술과 일자리 등이 마련되도록 노력합니다.

어린이 여러분들이 할 수 있는 과제

녹색 소비, 착한 소비 하기

1. 친환경적이고 간소한 포장하기

사람들의 소비욕구를 불러일으키는 화려하고 복잡한 포장은 재료와 전기를 불필요하게 사용하고 쓰레기를 많이 남기기 때문에 환경에 좋지 않답니다. 간소한 포장을 선택하여 자원과 에너지 사용을 줄여요.

2. 친환경 마크 확인하기

선택한 제품이 어떻게 생산되고, 어떤 원료와 성분을 사용했는지, 환경과 건강에 모두 안전한 것인지 알고 싶다면 제품에 부착된 라벨을 살펴보세요. 친환경을 인증하는 국내외 인증 마크를 확인하면 현명한 선택에 도움이 될 거예요.

3. 자원순환운동 동참하기 (재활용과 아껴쓰기)

자원순환이란 폐기물 발생을 억제하고, 폐기물을 적정하게 재활용, 회수, 처리하는 등 자원의 순환과정을 환경 친화적으로 관리하는 것을 말해요. 일회용품 사용 줄이기나 아나바다(아껴 쓰기, 나눠 쓰기, 바꿔 쓰기, 다시 쓰기) 운동도 있어요.

열세 번째 목표

기후 변화를
막아야 해요!

현재의 상황

1981년부터 2010년까지 지구의 평균기온이 섭씨 1도 증가했습니다. 단지 이 1도로 인해 지구의 자연환경에 큰 변화가 일어나고 있어요. 어떤 나라에서는 폭설이 내리고, 어떤 나라에서는 홍수가 일어납니다. 북극과 남극의 얼음이 녹아 해수면이 높아지면 도시가 잠길 수도 있대요.

알아봅시다

경제 성장이 불러온 기후 위기

지난 2백여 년 동안 눈부신 산업화와 경제성장으로 우리는 물질적 풍족함과 자원의 풍요로움을 누렸습니다. 하지만 석탄이나 석유 같은 화석연료를 바탕으로 한 산업혁명 이후, 대량생산과 대량소비는 이산화탄소 등의 온실가스를 배출하면서 기후변화와 환경오염이라는 전 인류적 문제를 일으키고 있습니다. 무분별한 자원낭비와 폐기의 악순환이 지구 온난화 같은 기후 변화를 불러와서 인류를 큰 위협에 빠뜨리고 있는 것이죠.

기후 변화를 막기 위한 노력

기후 위기를 막기 위해 인류는 많은 노력을 기울이고 있는데요. 2015년에는 여러 나라가 모여 지구온난화를 막기 위해 「파리협정」을 맺었지만 아직까지는 눈에 띄는 변화를 이끌어내지 못하고 있습니다.
우리는 어떻게 실천하고 있을까요? 우리나라도 2020년에 2050년까지 탄소 배출량과 흡수량을 실질적으로 「0」으로 줄이겠다는 탄소중립을 전 세계에 발표했습니다.

특히 새로 짓는 건물에는 탄소중립 설비를 설치하고 있는데요. 대표적인 예가 서울 공항고등학교입니다. 30년간 사용했던 학교 건물을 허물고 새로 지을 때, 태양광과 지열을 활용한 냉난방 시스템과 390kW 규모의 태양광 발전 설비 등을 구축했습니다. 탄소배출량은 제로. 지열로 냉난방이 가동되면서 학교의 전기요금도 매달 150만원이 절약되었고, 더불어서 환경도 쾌석해졌답니다.

생각해 보아요

내가 느끼는 기후 변화는 무엇이며, 기후 변화로 가장 큰 피해를 보는 동물은 어떤 것들이 있을까요?

실천하는 방법

> **각국 정부가 정책으로 실천하는 과제**

- 모든 나라에서 기후와 관련한 위험 및 자연 재해에 대한 복원력과 적응력을 강화합니다. 기후 변화에 대한 조치를 국가의 정책과 계획에 통합합니다.

- 유엔기후변화협약(UNFCCC)에 가입한 나라는 공동으로 매년 1,000억 달러를 모으겠다는 목표를 이행하며, 빠른 시일 내에 자금을 모아 녹색기후기금(GCF)을 완전하게 운용할 수 있도록 합니다.

- 기후변화에 대한 교육을 강화하고, 널리 알리기 위한 제도적인 방침을 마련합니다.

- 여러 지역 공동체 및 소외된 공동체, 최빈국, 개발도상국 등에서 기후 변화와 관련한 효과적인 계획을 세우고 관리를 해나갑니다.

어린이 여러분들이 할 수 있는 과제

쓰레기 분리 배출하기
음식물쓰레기나 생활쓰레기는 처리하는 과정에서 많은 온실가스를 발생시킵니다. 환경을 오염시키는 쓰레기양을 줄이려면 올바른 분리 배출이 중요하답니다.

에너지 절약하기
전기 에너지를 만드는 과정에서 온실가스가 나와요. 에너지를 절약하면 기후 변화, 자원고갈 문제를 해결하는데 도움이 됩니다.

대중교통과 자전거 이용하기
온실가스 배출량 중에서 수송부문이 차지하는 비율은 13.5%에 달하는데, 거의 모든 운송수단이 석유를 사용하기 때문입니다. 가까운 거리는 걷고, 대중교통과 자전거를 이용하는 것도 중요합니다. 부모님과 함께 참여해요.

14

열네 번째 목표

해양 생태계를
지켜주세요!

현재의 상황

바다로 흘러들어간 쓰레기가 바다 곳곳을 더럽히고 해양 생태계에 큰 영향을 미치고 있습니다. 이로 인해 바다를 서식지로 삼고 살아가는 해양 생물들이 위협받고 있습니다. 해양환경 문제를 파악하고 그 고통에 공감하면서 해양 생태계를 보호하려는 실천이 절실합니다.

알아봅시다

쓰레기로 고통 받는 해양 생물들

바다는 생명의 원천입니다. 지구의 온도와 습도를 조절하여 육지 생명들에게도 큰 영향을 끼치는 소중한 자원이죠. 그런데 인간이 아무렇게나 버려 바다로 흘러들어간 쓰레기가 바다 곳곳을 더럽히고 해양 생태계에 큰 영향을 미치고 있습니다.

해양생물의 생존을 위협하는 것들 중 제일 심각한 것이 플라스틱 쓰레기인데요. 미국 해양보호협회의 조사에 따르면, 우리나라는 2016년 기준 1인당 플라스틱 쓰레기 배출량이 미국과 영국에 이어 전 세계 3위를 기록하는 불명예를 안기도 했습니다. 지금은 정부 정책이나 시민단체의 노력, 시민들의 자발적 협조 때문에 배출량이 많이 줄고 있지만 그래도 지구해양을 생각하면 더 줄여야 합니다.

미국 사진가 크리스 조던이 찍은 사진 가운데는 배 속이 플라스틱으로 가득 찬 어린 앨버트로스 새가 있습니다. 아마도 바다에 떠다니는 플라스틱을 먹이로 착각하고 먹는 바람에 죽었을 것으로 추측됩니다. 고래도 마찬가지입니다. 죽은 고래의 위 속에는 비닐봉지나 페트병 등과 같은 플라스틱이 많이 들어 있었습니다.

물고기를 잡는 폐그물에 걸려 죽는 해양 생물도 많습니다. 낚시 바늘에 걸려 고통 받는 새, 플라스틱에 몸이 감겨 기형적으로 성장하는 바다거북 등, 인간의 무분별한 플라스틱 사용에 대한 피해를 고스란히 해양 생물들이 받고 있는 겁니다.

갯벌에는 다양한 동물들이 살고 있습니다.

갯벌을 깨끗하게 지킬 수 있는 방법은 뭐가 있을까요?

실천하는 방법

> **각국 정부가 정책으로 실천하는 과제**

- 모든 형태의 해양오염, 특히 해양폐기물, 영양분 오염 등을 예방하고 현저히 줄이도록 합니다. 오염을 줄이는 모든 단계에서의 과학 기술 협력을 강화합니다.

- 해양 및 해안 생태계를 지속가능하게 관리하고 보호하며, 건강하고 생산적인 바다를 만들기 위해 복원 조치를 취하도록 합니다.

- 어류 포획을 효과적으로 규제하고, 파괴적인 어업을 근절하며, 가능한 빠른 시일 내 어류 자원이 지속가능한 최대 수준으로 복원되도록 관리합니다.

- 최신 과학정보를 기반으로 관련 국내법 및 국제법에 따라 최소 10%의 해안 및 해양지역을 보존합니다. 관리를 통해 해양 자원을 지속가능한 수준에서만 이용합니다.

친환경 바이오 플라스틱

바이오 플라스틱은 식물이나 미생물 등을 활용해 분해가 잘 되도록 만든 플라스틱을 말합니다. 석유 자원에 의존하던 기존 플라스틱은 제조과정에서 배출되는 물질을 자연적으로 분해할 수 없어서 환경오염을 일으킵니다. 하지만 옥수수 등과 같은 식물에서 추출한 고분자 소재(PLA, Poly Lactic Acid)로 플라스틱을 만들면 만드는 과정에서도 배출물질이 적고, 자연 상태에서도 분해가 잘됩니다.

해양보호구역이란?

해양보호구역이란 해양생물이나 해양생태계, 해양경관 등 특별히 보전할 필요가 있어서 국가 또는 지자체가 보호구역으로 지정·관리하는 구역을 말합니다. 해양보호구역을 지정하면 다양한 해양생물들을 보호하고, 그들의 보금자리이자 각종 수산물을 제공하는 식량공급원인 바다를 지킬 수 있습니다. 오염물질을 정화해주는 생태관광지인 연안습지 및 해양생태계 보호구역은 우리에게 유익하고 중요한 곳이죠.

열다섯 번째 목표

육상 생태계를 지켜주세요!

현재의 상황

많은 동식물이 사라지고 있습니다. 국제자연보전연맹(IUCN)에 따르면 앞으로 사라질 우려가 있는 야생생물이 세계적으로 약 31,000종이나 된다고 합니다. 농사를 짓기 위해 숲을 훼손하고, 비닐이나 플라스틱 쓰레기를 버려 육상 생물이 큰 피해를 입고 있습니다.

알아봅시다

> 훼손되고 있는 녹색의 숲

농사를 짓거나 가축을 키우기 위해서 사람들은 숲을 파괴했습니다. 2010년과 2015년 사이에만 전 세계적으로 3만3천 제곱 킬로미터의 숲이 소실되었어요. 인간의 활동을 위해 삼림을 훼손하면 사막화가 일어납니다. 게다가 숲을 파괴할 때는 벌목한 뒤에 태우는 경우가 많습니다. 그로 인한 기후변화는 지구온도를 높여 동식물들에게 피해를 주지요.

또 해마다 3~4억 톤의 폐기물이 육지와 하천에 버려지고 있습니다. 최근에는 사막에서 죽은 낙타 배에서 다량의 비닐과 플라스틱이 발견되었다는 기사가 있었어요. 플라스틱 쓰레기는 비단 바다에 국한된 문제가 아니라 육지의 문제이기도 한 것이죠.

그로 인해 멸종할지 모르는 동식물들

이렇게 동식물이 살지 못하는 곳에서 인간은 살 수 있을까요? 육상에는 여러 종류의 동식물이 살고 있지만, 현재 25%의 종이 멸종 위기에 처해 있대요. 이대로라면 몇 십 년 안에 약 100만 종의 동식물이 멸종될 것으로 예측됩니다.

우리가 좋아하는 야생 호랑이는 이제 전 세계에 4천 마리도 남지 않았습니다. 전문가들은 동남아시아에 사는 오랑우탄이 약 50년 안에 멸종될 수 있다고 경고합니다. 인간을 위해 자연을 파괴한 결과입니다. 인간만 잘 살기 위한 대책이 아니라, 동식물과 생태계를 지켜가면서 공존하기 위해 대책이 필요해요.

생각해 보아요

우리나라에서도 사라진 동식물이 있습니다.
야생 동물들은 어떤 환경을 좋아할 지 생각해 보아요.

실천하는 방법

각국 정부가 정책으로 실천하는 과제

- 국제협약에 따라 숲, 습지, 산악 지역, 건조지 등을 포함한 육지와 하천, 호수의 생태계 보존, 복원, 지속가능한 사용을 보장하도록 합니다.

- 전세계 모든 숲에 대한 지속가능한 관리 이행을 촉진하고, 삼림파괴를 중단하며, 황폐화된 숲을 복원하고 나무를 다시 심도록 합니다.

- 사막화를 방지하고, 사막화, 가뭄, 홍수로 영향 받은 토지를 포함한 모든 황폐화된 토지와 토양을 복원하고 토지황폐화가 없는 세상을 이루도록 노력합니다.

- 다양한 생물이 살 수 있는 산림 생태계의 보존을 보장합니다. 멸종위기 종을 보호하고 멸종을 예방하며, 동·식물 보호종의 포획 및 밀거래를 막습니다.

어린이 여러분들이 할 수 있는 과제

나무를 심고 숲을 훼손하지 않기
숲은 사막화를 막아 우리에게 신선한 공기를 제공해줄 뿐 아니라 야생동물이 사는 터전이기도 합니다. 초식동물에게 먹이를 제공하고, 그로 인해 육식동물도 함께 살아갑니다. 산사태도 막아줘요.

100년 만에 멸종된 도도새 이야기

도도새는 인도양 모리셔스 섬에 서식하던 새였습니다. 섬에는 천적이 없어서 안심하고 살다보니 날아다니는 기능을 잃어버렸어요. 16세기 포르투갈인이 들어오면서 섬에 살던 도도새는 선원들에게 좋은 먹잇감이었습니다. 많은 도도새가 잡아먹혔죠. 그후 도착한 네덜란드 인들이 동물들을 들여왔고, 이 동물들은 땅에 둥지를 트는 도도새들의 알을 먹어버렸습니다. 결국 도도새는 급격히 줄어들게 되었고, 모리셔스 섬에 인간이 발을 들여 놓은 지 100년 만에 멸종해 버렸습니다.

④ 평화롭게 협동하는 세상

평화롭게 협동하는 세상을 위해서는
폭력, 범죄, 전쟁이 없는 정의로운 세상을 만들어야 해요.
그러려면 전 세계 사람들이 손을 잡아야 해요.

열여섯 번째 목표

평화롭고 정의로운 세상을 만들어요!

현재의 상황

우리 친구들은 일상 속에서 폭력이나 정의롭지 못한 일을 경험해 본 적이 있나요? 전 세계에서 아동 폭력, 인신 매매, 성 폭력 등 나쁜 범죄들이 일어나 평화가 위협받고 있습니다. 평화로운 세상을 만들기 위해서 가장 중요한 것은 이러한 폭력을 정확하게 찾아내고 멈추는 것이겠죠.

알아봅시다

평화를 위협하는 폭력과 범죄들

우리 모두는 평화를 원합니다. 평화학자인 노르웨이의 요한 갈퉁은 우리를 둘러싼 폭력을 개선해 나가며, 적극적인 평화를 위해 힘써야 한다고 말했어요. 개인도 실천해야 하고, 정부도 적극적으로 나서야 합니다.

폭력에는 여러 종류가 있어요. 육체적으로 때리거나 상처를 입히는 직접적 폭력이 있지요. 또 욕이나 협박, 막말 등과 같이 말로 상처를 주거나, 인터넷상에서 상대를 불편하게 하는 사이버 폭력도 있어요.

폭력은 범죄로 이어집니다. 남미, 사하라 사막 이남 아프리카, 아시아의 일부 국가는 치안이 많이 안 좋아요. 아이들도 다양한 형태의 폭력의 희생양이 되고 있고요. 정부가 부패하여 뇌물을 받고, 도둑질과 탈세 등으로 돈이 낭비되요. 심지어 정치가 불안정한 나라에서는 전쟁도 일어나죠.

우리가 원하는 정의로운 사회

폭력을 없애야 한다고 말은 하지만, 오랜 기간 동안 익숙해져서 어떤 행동이 폭력인지 잘 모르고 행동하는 경우도 있습니다. 평화로운 세상을 만들기 위해서 가장 중요한 것은 특정한 행동이 폭력이라고 인식하는 일입니다.

다양한 폭력과 범죄의 위협에 맞서는 것은 지속 가능한 발전을 위한 평화적이고 포용적인 사회를 만들기 위해 중요합니다. 모두가 정의로운 사회에서 살 수 있도록 효율적이고 투명한 제도가 필요합니다.

생각해 보아요

내가 누군가에게 폭력을 당했을 때
나의 마음은 얼마나 아플까요?

실천하는 방법

> **각국 정부가 정책으로 실천하는 과제**

- 모든 곳에서 모든 형태의 폭력과 그로 인한 사망률을 대폭 줄이도록 합니다. 어린이를 대상으로 한 학대, 착취, 인신매매와 모든 형태의 폭력을 종식시킵니다.

- 국내·국제적 수준에서 법의 통치를 강화하고 모두가 정의로운 사회에 다가갈 수 있도록 보장합니다. 이를 위해 효과적이고 투명한 제도를 마련합니다.

- 불법 자금 및 무기거래를 대폭 감소시키고, 모든 형태의 조직범죄를 퇴치합니다. 모든 형태의 부정부패와 뇌물수수를 대폭 줄입니다.

- 폭력 예방 및 테러와 범죄 퇴치를 위하여 모든 방법을 동원하고, 특히 개발도상국에서의 역량 강화를 위한 국제협력 등을 통해 제도를 마련합니다.

전쟁 폭력에 희생당하는 아이들

사진 속 아이는 '아디 후데아라'라는 4살의 시리아 어린이입니다. 내전으로 인해 난민촌에 살게 된 후데아라는 터키 기자가 촬영하기 위해서 카메라를 들자 총을 꺼낸 줄 알고 두 손을 번쩍 든 것이라고 합니다. 카메라마저 총으로 착각하게 만들 정도로, 낯선 사람 앞에서 살려달라는 뜻으로 손을 들게 만들 정도로 처참한 시리아 내전이었습니다.

열일곱 번째 목표

전 세계 사람들이 손을 잡아요!

현재의 상황

여러 국가마다 문제가 있습니다. 선진국에서는 고령화로 인한 복지비용 증가와 경제성장 정체가 문제되고 있고, 개발도상국에서는 경제 성장으로 인한 불평등과 환경오염 등이 문제이며, 빈민국에서는 국민의 가난과 국가의 경제적 토대 부족이 문제입니다. 이런 문제는 혼자서 해결할 수 없습니다.

알아봅시다

서로 연결되어 있는 국제 사회

지구에 있는 모든 국가는 혼자가 아닙니다. 이미 전 세계는 하나로 연결되어 있기 때문입니다. 코로나19 사태에서 보듯, 문제는 한 나라에서 끝나지 않고 전 세계로 순식간에 확산됩니다. 전 세계가 협력하고 함께하지 않으면 전 지구적인 재난과 위기를 극복할 수 없습니다.

손을 잡아야 해결할 수 있는 문제들

각 국가마다 해결해야 할 문제가 다릅니다. 선진국과 개발도상국과 빈민국이 다르죠. 어떤 문제도 혼자서는 해결할 수 없어요. 경제를 일으키려 한다면 자금이 필요하고, 그런 자금은 국제기금을 통해서 조달해야 하기 때문이죠. 경제성장 정체는 다른 나라들과의 활발한 무역을 통해서 해결해 나가야 합니다. 자연재해나 전쟁또한 국제적인 협력과 양보가 있어야 해결할 수 있어요.

지금은 국제적인 연대와 협력이 바탕이 되어야 자국의 문제도 빠르게, 제대로 해결할 수 있는 시대입니다. 우리 친구들이 지금까지 알아본 SDGs는 선진국과 개발도상국을 불문하고 모든 나라의 사람들에게 행동을 요구하고 있습니다.

SDGs를 달성하기 위해서는 각국 정부와 시민사회, 과학자, 학계 등 모든 구성원들의 결속이 필요합니다. 물론 우리 어린이 친구들도 할 수 있는 일이 있지요. 이렇게 모든 사람들과 모든 국가들이 국제적으로 서로 협력해야 SDGs 목표를 달성할 수 있답니다.

 생각해 보아요

유튜브를 통해 다른 나라 친구들이 살아가는 모습을 찾아보고 느낀 점을 나눠보아요.

실천하는 방법

각국 정부가 정책으로 실천하는 과제

- 선진국들은 개발도상국과 빈민국에 대한 국제적 지원을 늘려갑니다. 빚이 많은 나라들이 적절한 정도까지 탕감받을 수 있도록 돕습니다.

- 투자를 늘리고 협력과 접근을 강화하며, 합의된 수준의 기술 공유를 확대합니다. 합의된 수준의 청정기술 및 친환경기술도 개발하고 보급합니다.

- 빈곤퇴치와 지속가능 발전을 위한 정책을 수립하고 이행하는 데 있어서, 각 나라의 정책적인 재량과 리더십을 존중합니다.

- 지속가능 발전 목표(SDGs) 달성을 지원하기 위해 글로벌 파트너십을 강화합니다. 국가별 지식, 전문성, 기술, 재원을 동원하고 공유하도록 합니다.

국제연합(UN)이란 무엇일까요?

인류는 1945년에 전쟁방지와 평화유지, 정치·경제·사회·문화 등 모든 분야의 국제협력을 증진하기 위해서 국제연합(United Nation, UN, 유엔)을 만들었습니다. 세계의 많은 인재들이 유엔에서 일하고 있으며, 많은 청소년들이 유엔에서 근무하고 싶어 합니다. 국제적 연대가 필요한 오늘날 유엔의 역할은 더욱 중요해지고 있습니다.

독립적인 국제 환경단체, 그린피스

그린피스는 1971년에 설립된 국제환경단체로, 지구 환경보호와 평화를 위해서 폭력을 사용하지 않고 평화적 방식으로 행동하는 단체입니다. 정치적, 상업적 독립성을 유지하기 위해서 정부나 기업 또는 정당으로부터 그 어떤 후원도 받지 않고 오로지 개인 및 독립재단의 후원으로만 운영하고 있습니다. 여러 가지 활동을 하고 있지만 특히 「핵실험 반대」와 「북극보호」 등을 통해 지구환경 보존에 힘쓰고 있습니다.

실천하는 사람들

모든 인류가 합의한 SDGs! 이 목표를 달성하려면 나와 사회, 국가가 다 같이 노력해야 하겠죠. 그러기 위해서는 같이 협력해서 할 수 있는 일도 있고, 각자의 영역에서 할 일도 있습니다. 책을 마무리하면서 우리들이 어떤 일을 하고 있는지, 할 수 있는지 알아보겠습니다.

내가 실천할 수 있는 일

나의 행동, 다시 말해, 각 개인들의 실천이 중요합니다. 사회적, 국가적으로 실천계획을 발표한다고 해도 개인이 따라주지 않는다면 달성하기 어렵습니다. 우리들은 주변의 작은 일부터 시작할 수 있습니다. 우리 친구들의 조그만 실천들이 모여서 지구를 살리는 큰 힘이 될 것입니다. 본문에 나온 실천 과제들을 복습해 볼까요. 물 아껴 쓰기, 에너지 절약하기, 음식물 남기지 않기, 대중교통과 자전거 이용하기, 쓰레기 분리배출하기, 나무 심기, 재능 기부하기, 금전으로 후원하기 등이 있었습니다.

사회가 실천할 수 있는 일

일반기업에서도 자신들이 실천할 수 있는 일들에 적극 나서고 있습니다. 몇 십 년 전부터 숲을 가꾸고 있는 유한킴벌리, 적극적인 행정으로 시민들의 문화공간인 '평화문화진지'를 제공한 도봉구, 서-남해안 갯벌의 세계자연유산 등재를 추진하는 지방정부 등 기업과 지방자치단체도 적극적으로 SDGs를 실천하고 있지요.

국가가 실천할 수 있는 일

각 국가들은 국가별 실정에 맞게 SDGs 실천에 적극 나서고 있습니다. 국가적인 목표를 세워서 실천해야 할 일들을 정책으로 추진하고 있답니다. 많은 목표가 있겠지만, 그중 우리나라에서 환경을 위해 하는 일들은 다음과 같습니다.

1. 기후위기를 막기 위해 탄소중립을 선언했어요.
2. 낡은 학교 건물을 친환경적으로 고치고 있어요.
3. 저탄소, 친환경 고속열차인 KTX-이음을 개발했어요.
4. 종이를 아끼기 위해 전자영수증을 사용해요.

하나만 더 알고가요, ESG !

축하드려요. 여러분은 '지속가능한 발전'의 어린이 전문가가 되었습니다. 그냥 보내기 아쉬워서 함께 알면 좋을 개념 한 가지를 더 알아보고 마치려고 해요.

기업의 전통적인 목표는?

기업의 전통적인 목표는 돈을 벌어 이익을 남기는 것이었습니다. 하지만 지속가능 발전이 대두되며 기업을 단순히 돈 하나만 보고 평가할 수 없게 되었어요.

기업의 새로운 가치 기준은?

이제는 돈 말고도 기업이 얼마나 '올바른지'를 보게 되었습니다. 그래야 장기적인 관점에서 평가하고 투자할수 있거든요. 재무적 성과(돈) 이외에 비재무적 요소(ESG)를 보게 된 것이죠. ESG가 각각 어떤 것인지 알아볼게요.

E
Environment

알파벳 E는 '환경'을 뜻해요. 기업이 얼마나 친환경적인지를 평가하는 것입니다. 기후 변화와 환경 오염을 막기 위해 어떤 일을 하는지, 탄소 배출은 줄이고 있는지가 중요해요.

S
Society

알파벳 S는 '사회'를 뜻해요. 기업이 사회적인 책임을 지고 있는지를 평가하는 것입니다. 인권을 보장하고, 다양성을 인정하며, 지역 사회와 협력하는 모습을 보여야 합니다.

G
Governance

알파벳 G는 기업의 '지배구조'라는 뜻인데요. 어렵지 않아요. 기업이 얼마나 투명하고 믿을만 한지, 뇌물이나 부정부패는 없는지, 윤리적으로 경영하는지를 봅니다.

똑똑도서관 2
지구촌을 개척하는 아이들

초판발행 펴낸날 2021년 7월 26일
1판 3쇄 펴낸날 2023년 7월 10일

감수 오병섭
기획 지식발전소
편성 안명철
펴낸곳 주니어골든벨 | **발행인** 김길현
본문·표지디자인 여혜영
편집·디자인 조경미, 권정숙 | **제작진행** 최병석 | **웹매니지먼트** 안재명, 서수진, 김경희
공급관리 오민석, 정복순, 김봉식 | **오프라인마케팅** 우병춘, 이대권, 이강연 | **회계관리** 김경아
등록 제1987-000018호 ⓒ 2021 GoldenBell Corp.
주소 서울시 용산구 원효로 245(원효로 1가 53-1) 골든벨 빌딩 5~6F
전화 도서 주문 및 발송 02-713-4135 / 회계 경리 02-713-4137
      내용 관련 문의 02-713-7452 / 해외 오퍼 및 광고 02-713-7453
홈페이지 www.gbbook.co.kr
ISBN 979-11-5806-529-4
정가 13,000원
사진제공 아이클릭아트 / 프리픽스 / 픽사베이

※ 주니어골든벨은 (주)골든벨의 어린이 도서 브랜드입니다.
※ 이 책은 저작권법에 따라 보호받는 저작물이므로,
   저작권자와 주니어골든벨의 허락 없이는 이 책의 내용을 쓸 수 없습니다.

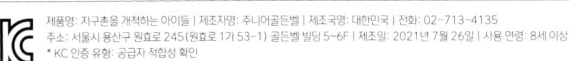